Umwelt entdecken, begreifen und schützen

Was ist los mit der Luft?

Die spanische Originalausgabe erschien
im Verlag Parramón Ediciones, S.A., Barcelona,
unter dem Titel »El cuidado del aire«
© 1992 by Parramón Ediciones, S.A.
© 1993 der deutschen Ausgabe Verlag Klaus Gerth, Asslar
Aus dem Englischen übersetzt von Eva Weyandt
Texte: Rosa Costa-Pau, Lehrerin und Biologin
Illustrationen: Studio Marcel Socías
Best.-Nr. 15216
ISBN 3-89437-216-8
1. Auflage 1993
Umschlaggestaltung: Studio Marcel Socías
Satz: Typostudio Rücker & Schmidt, Langgöns-Niederkleen
Printed in Spain
Alle Rechte vorbehalten

Umwelt entdecken, begreifen und schützen

Was ist los mit der Luft?

Schulte & Gerth

Die Luft

Eine riesige Lufthülle

Die Erde ist von einer dicken Lufthülle umgeben. Man nennt sie Atmosphäre. Die Atmosphäre umhüllt die Erde wie die Schale eine Orange – mit einem großen Unterschied: die Schale der Orange ist überall etwa gleich dick. Die Luft dagegen wird immer dünner, je höher man kommt. Ungefähr vierhundert Kilometer über der Erdoberfläche gibt es fast gar keine Luft mehr.

Die Aufgaben der Atmosphäre

Die Uratmosphäre ist fast so alt wie die Erde. Durch die Erdanziehungskraft wird die Atmosphäre über der Erde festgehalten. Wenn es keine Erdanziehungskraft gäbe, würde die Luftschicht in den Weltraum verschwinden.
Ohne die Atmosphäre wäre unser Planet kein »blauer Planet«. Das Sonnenlicht könnte ungehindert auf die Erdoberfläche einstrahlen und würde sie förmlich verbrennen.

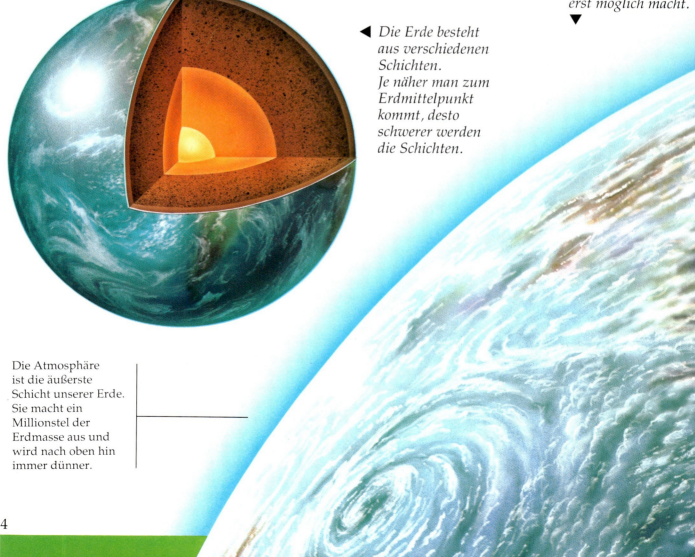

Die Erde besteht aus verschiedenen Schichten. Je näher man zum Erdmittelpunkt kommt, desto schwerer werden die Schichten.

Auf unserem Planeten gibt es Land, Flüsse, Seen und Meere. Über der Erde liegt eine Gasschicht, die das Leben auf der Erde erst möglich macht.
▼

Die Atmosphäre ist die äußerste Schicht unserer Erde. Sie macht ein Millionstel der Erdmasse aus und wird nach oben hin immer dünner.

Ohne die Atmosphäre hätten wir keine Niederschläge; nur Meteoriten würden auf die Erde fallen. Es gäbe keine Morgen- oder Abenddämmerung. Die Atmosphäre macht das Leben auf unserer Erde erst möglich. Sie wirkt wie ein Schutzschild, obwohl sie selbst voller Turbulenzen steckt. In der Atmosphäre wüten Stürme und Hurrikans; es gibt Gewitter und sintflutartige Regenfälle. Die uns umgebende Lufthülle ist ständig in Bewegung.

Luftverschmutzung

Waldbrände, Industrie- und Autoabgase, die Verbrennung von Kohle oder natürlichem Gas und vieles mehr zerstören die Atmosphäre und gefährden damit unser Leben auf der Erde.

Die Atmosphäre schützt die Erde. Wind und Wolken beeinflussen zusammen mit anderen Faktoren das Klima der Erde.

Die Zusammensetzung der Atmosphäre

Die Gase in der Luft

Gegen Ende des achtzehnten Jahrhunderts fand der französische Chemiker Lavoisier heraus, daß die Luft aus verschiedenen Gasen besteht. In einem Versuch gelang es ihm, die Luft in ihre beiden Hauptbestandteile zu zerlegen. Eine Flamme, die er in den einen Teil hineinhielt, wurde heller. Dieses Gas konnte man außerdem einatmen, und er nannte es Sauerstoff. In dem anderen Teil brannte die Flamme überhaupt nicht, man konnte das Gas nicht einatmen. Er nannte es Stickstoff. Heute wissen wir, daß die Luft aus noch viel mehr Gasen zusammengesetzt ist. Ihre Anteile bleiben praktisch gleich, jedenfalls in dem Teil der Atmosphäre, der bis etwa 90 km in den Himmel reicht.

Wasserdampf und Aerosole in der Atmosphäre

Außer den verschiedenen Gasen finden wir in der Atmosphäre auch noch Wasserdampf. Er ist der für das Wettergeschehen wichtigste Bestandteil, und sein Anteil an der Atmosphäre schwankt sehr stark, bis maximal vier Volumenprozente. Daneben enthält die Luft eine Vielzahl von winzig kleinen festen oder flüssigen Teilchen, die in der Atmosphäre schweben. Das sind sogenannte *Aerosole*. Du kannst sie dir als Staubteilchen vorstellen.
Bei Vulkanausbrüchen, Waldbränden, durch die Verwitterung des Bodens und viele andere Vorgänge, die »Staub aufwirbeln«, gelangen Aerosole in die Luft. An ihnen kondensiert der Wasserdampf, der schließlich als Regen oder Schnee auf die Erde fällt. Am »Kondensstreifen«, den Flugzeuge durch ihre Abgaspartikel erzeugen, läßt sich dieser Vorgang gut erkennen. Der Anteil von Aerosolen in der Luft ist sehr unterschiedlich. Über dem Meer in Polargebieten, wo die Luft noch relativ sauber ist, liegt er ungefähr bei 100 Teilchen pro Kubikmeter. In Großstädten kann er bei mehr als einer Million Teilchen pro Kubikmeter liegen. Ein hoher Anteil an Aerosolen kann die Gesundheit des Menschen und die Vegetation auf der Erde erheblich schädigen. Natürliche Aerosole, wie zum Beispiel Salzpartikel, lassen sich dagegen in den Brandungsgebieten von Meeresküsten gut gesundheitsfördernd nutzen.

Die Zusammensetzung der Luft

Stickstoff: *nimmt mit 78,09% den größten Raum in der Atmosphäre ein.*
Sauerstoff: *hat einen Raumanteil von 20,95%.*
Kohlendioxid: *(0,03%) benötigen die Pflanzen für die Photosynthese.*
Wasserdampf: *der Anteil des Wasserdampfs schwankt sehr stark.*
Feste Teilchen: *zum Beispiel Staubteilchen, Pollensporen und ein ständig wachsender Anteil an Verschmutzern.*

◀ *Die Aerosole tragen zur Kondensierung (Tröpfchenbildung) des Wasserdampfs in der Atmosphäre bei. Wenn es keine Aerosole gäbe, müßten die Luftmassen viel höher steigen, um kondensieren und zum Beispiel zu Regen werden zu können.*

Die festen Teilchen, die während eines Vulkanausbruchs,

durch Waldbrände oder Bodenerosion freigesetzt werden, gelangen in die Luft.

Auch vom Meer werden Aerosole freigesetzt, zum Beispiel Salzpartikel.

Die Luftschichten

Die verschiedenen Luftschichten der Atmosphäre

Je nach Höhe der Luft oder Atmosphäre ändert sich ihre Zusammensetzung, der Abstand ihrer Teilchen voneinander und vor allem die Temperatur.
Aufgrund dieser unterschiedlichen Gegebenheiten gliedert sich die Atmosphäre in klar unterscheidbare Stockwerke oder Schichten.

Die unteren Schichten

Die unterste Schicht, die Troposphäre, berührt die Oberfläche der Erde. Hier zirkulieren die Luftmassen. In der Troposhäre entsteht auch das Wetter. Nur hier können wir atmen, und auch die Photosynthese findet hier statt. Die Troposphäre reicht durchschnittlich etwa bis in eine Höhe von zehn Kilometern. Je höher man kommt, um so niedriger ist die Temperatur. Die nächste Schicht ist die Stratosphäre. Sie reicht bis in eine Höhe von etwa 50 km über der Erdoberfläche. Dort steigt die Temperatur von –55 °C wieder auf 0 °C an, weil die Sonnenstrahlung von bestimmten Gasen aufgenommen und in Wärme umgewandelt wird.
In der Stratosphäre gibt es ein bestimmtes Sauerstoffmolekül, das etwas anders aufgebaut ist als normaler Sauerstoff. Es heißt Ozon. Die Ozonschicht nimmt schädliche ultraviolette Strahlen von der Sonne auf und schützt uns so vor Sonnenbrand und Hautkrebs.

Die höheren Schichten

Die Ionosphäre befindet sich zwischen 80 und 400 km Höhe. Darüber breitet sich die Exosphäre aus. Sie geht in den Weltraum über.

Wo endet die Atmosphäre?

Die Dichte der Luft, das heißt, die Konzentration der Teilchen in der Luft, nimmt mit zunehmender Höhe immer mehr ab. Im Weltraum herrscht vollkommene Stille, weil die Entfernung der Luftteilchen zueinander so groß ist, daß sie keinerlei Schallwellen übertragen können.
Die Aufteilung der Atmosphäre in die verschiedenen Schichten ist nur eine grobe Darstellung. 95% der gesamten Luftmassen konzentrieren sich auf die ersten 12 Kilometer. Es ist noch nicht genau erforscht, wo die letzte Schicht der Atmosphäre aufhört und der Weltraum beginnt.

In den unteren Schichten der Atmosphäre sinkt die Temperatur mit zunehmender Höhe. Es werden Minustemperaturen erreicht. Bei 100 km über der Erdoberfläche ist mit -100°C der niedrigste Stand erreicht. Danach steigt die Temperatur schnell an. ▶

Höhe	Temperatur
500 km	+3.500 °C
400 km	+2.500 °C
300 km	+1.500 °C
200 km	+800 °C
100 km	–100 °C
80 km	–70 °C
50 km	0 °C
10 km	–60 °C

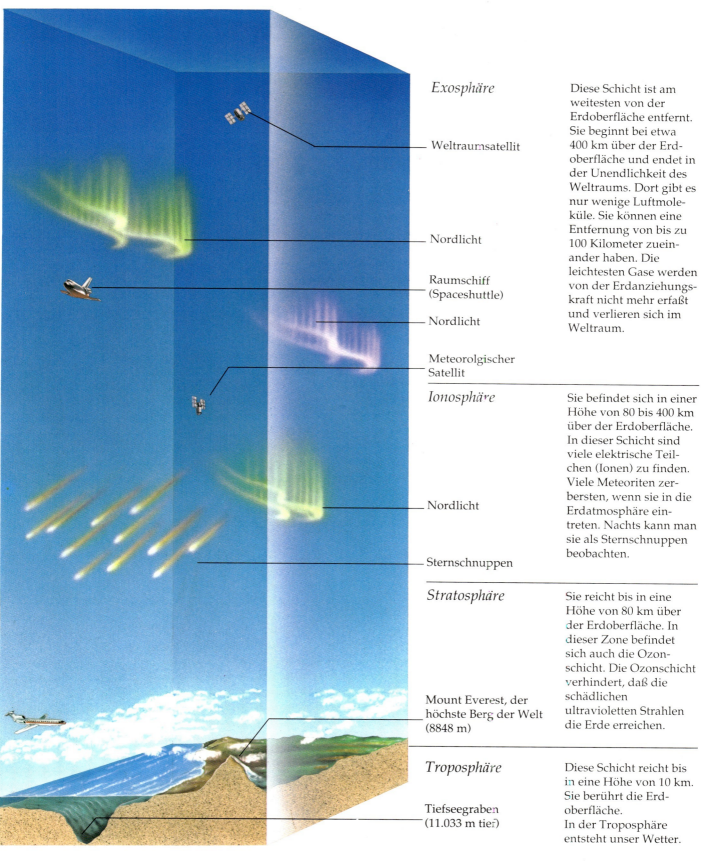

Exosphäre — Diese Schicht ist am weitesten von der Erdoberfläche entfernt. Sie beginnt bei etwa 400 km über der Erdoberfläche und endet in der Unendlichkeit des Weltraums. Dort gibt es nur wenige Luftmoleküle. Sie können eine Entfernung von bis zu 100 Kilometer zueinander haben. Die leichtesten Gase werden von der Erdanziehungskraft nicht mehr erfaßt und verlieren sich im Weltraum.

- Weltraumsatellit
- Nordlicht
- Raumschiff (Spaceshuttle)
- Nordlicht
- Meteorolgischer Satellit

Ionosphäre — Sie befindet sich in einer Höhe von 80 bis 400 km über der Erdoberfläche. In dieser Schicht sind viele elektrische Teilchen (Ionen) zu finden. Viele Meteoriten zerbersten, wenn sie in die Erdatmosphäre eintreten. Nachts kann man sie als Sternschnuppen beobachten.

- Nordlicht
- Sternschnuppen

Stratosphäre — Sie reicht bis in eine Höhe von 80 km über der Erdoberfläche. In dieser Zone befindet sich auch die Ozonschicht. Die Ozonschicht verhindert, daß die schädlichen ultravioletten Strahlen die Erde erreichen.

- Mount Everest, der höchste Berg der Welt (8848 m)

Troposphäre — Diese Schicht reicht bis in eine Höhe von 10 km. Sie berührt die Erdoberfläche. In der Troposphäre entsteht unser Wetter.

- Tiefseegraben (11.033 m tief)

Die Sonnenstrahlen

Filter und Schutzschicht

Wenn die Atmosphäre nicht wie eine Schutzhülle um unseren Planeten läge, wäre ein Leben auf der Erde gar nicht möglich.
Die Atmosphäre wirkt wie ein Filter, der nur die lebensnotwendigen Strahlen durchläßt.
Grundsätzlich sind wir nämlich auf die Sonne ebenso angewiesen wie auf die Atmosphäre. Die Sonne versorgt die Erde mit Licht, Wärme und anderer Energie. Sonnenlicht ist eine wesentliche Voraussetzung für die Photosynthese.

Die verschiedenen Arten von Sonnenstrahlen

Nachdem sie 150 Millionen Kilometer von der Sonne durch den Weltraum gewandert sind, erreichen die Sonnenstrahlen die Erde in Form von elektromagnetischen Wellen. Je nach ihrer Länge und Frequenz werden diese Strahlen unterschiedlich genannt: Gamma-Strahlen, X-Strahlen, ultraviolette Strahlen, Infrarot-Strahlen und elektromagnetische Wellen.

Negative und positive Einflüsse

Die kurzen Strahlen, zum Beispiel die ultravioletten, führen sehr viel Energie mit sich und können schädlich für die Lebewesen sein. Das Ozon filtert die schädlichen Strahlen heraus, so daß sie die Erde gar nicht erst erreichen.
Die langen Strahlen, zum Beispiel die Infrarot-Strahlen, führen nicht so viel Energie mit sich. Sie bewirken aber, daß die Temperatur auf der Erde ansteigt.
Die Lichtwellen können zum Beispiel von Grünpflanzen durch die Photosynthese in Nahrung umgewandelt werden.

Grünpflanzen wandeln Sonnenenergie in chemische Energie um. Sie speichern sie in Nahrungssubstanzen, durch die dann die Hersteller- und Verbraucher-Organismen die notwendige Energie zum Überleben bekommen. Wenn sie von einem Lebewesen zum anderen übergeht, nimmt die Energiemenge ab. Sie wird teilweise in Wärme umgewandelt und verflüchtigt sich in die Atmosphäre. ▼

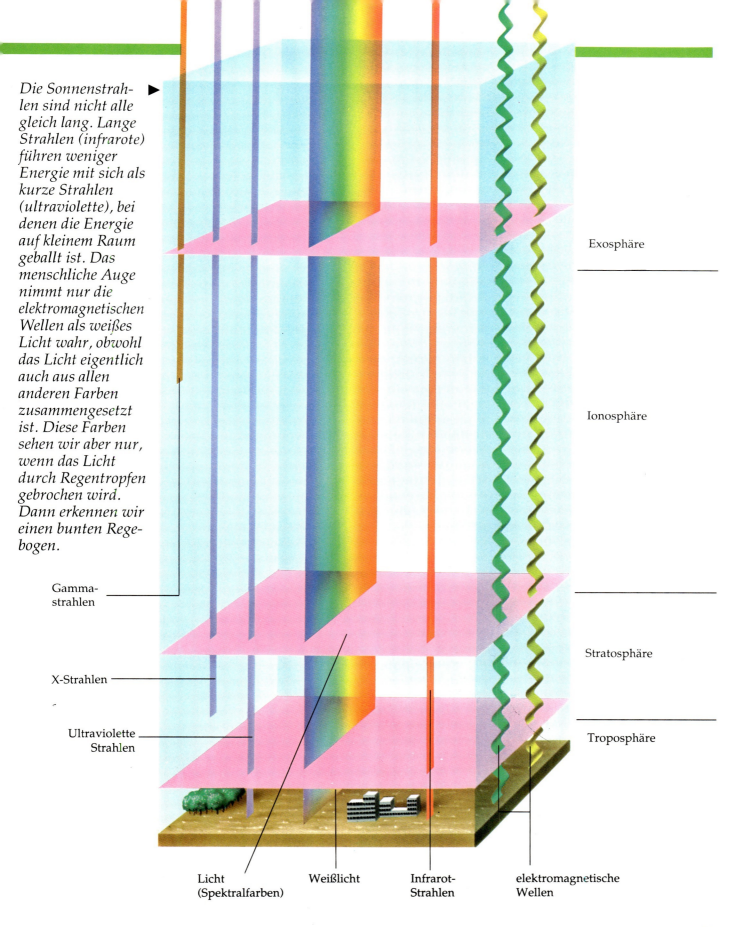

Die Sonnenstrahlen sind nicht alle gleich lang. Lange Strahlen (infrarote) führen weniger Energie mit sich als kurze Strahlen (ultraviolette), bei denen die Energie auf kleinem Raum geballt ist. Das menschliche Auge nimmt nur die elektromagnetischen Wellen als weißes Licht wahr, obwohl das Licht eigentlich auch aus allen anderen Farben zusammengesetzt ist. Diese Farben sehen wir aber nur, wenn das Licht durch Regentropfen gebrochen wird. Dann erkennen wir einen bunten Regebogen.

Gammastrahlen

X-Strahlen

Ultraviolette Strahlen

Licht (Spektralfarben)

Weißlicht

Infrarot-Strahlen

elektromagnetische Wellen

Exosphäre

Ionosphäre

Stratosphäre

Troposphäre

Der Weg der Energie

Das Gleichgewicht zwischen Wärme und Energie

Wie auf allen anderen Planeten unseres Sonnensystems herrscht auch auf der Erde grundsätzlich ein Energieaustausch. Das bedeutet, die Erde gibt Wärme in den Weltraum ab und sie bekommt Energie von der Sonne. Wenn das nicht so wäre, dann hätte sich die Erde schon zu stark erhitzt oder abgekühlt.
Dieser Austausch wird durch die Atmosphäre in einem empfindlichen Gleichgewicht gehalten. Sie bewirkt, daß die Wärme auf dem Boden festgehalten wird und sich nicht so schnell in den Weltraum verflüchtigen kann, und sie verhindert gleichzeitig, daß schädliche Sonnenstrahlen die Erde erreichen.
Die Sonne sendet auch Wärmestrahlen aus. Diese Wärmestrahlen verursachen Temperaturschwankungen auf der Erde und auch in den Luftmassen. Dieser Vorgang bestimmt zum Teil das Klima in den verschiedenen Regionen der Erde.
Die Atmosphäre verteilt also gewissermaßen die Energie aus dem Weltraum über die Erde und von dort wieder in den Weltraum.

Die Umweltverschmutzung durch den Menschen

In der Atmosphäre befinden sich auch feste Teilchen (Aerosole), die von Vulkanausbrüchen, Bodenerosion usw. stammen und die Luft verschmutzen. Doch die Atmosphäre hat die Fähigkeit, sich bis zu einem gewissen Grad selbst zu reinigen.

Durch die Umweltverschmutzung des Menschen kann dieses Gleichgewicht jedoch gestört werden.
Die größte Gefahr droht von den Verunreinigungen, die direkte Auswirkungen auf die Atmosphäre haben. Bis vor kurzem hat der Mensch die Atmosphäre als große Müllhalde angesehen. Industrieabgase wurden unkontrolliert freigesetzt, ohne auf die Auswirkungen zu achten, die ihre Zusammensetzung und Struktur für die Atmosphäre haben könnten.

Vulkane stoßen große Mengen Kohlendioxid und feste Teilchen aus.

Die Landwirtschaft produziert einen großen Teil Kohlendioxid.

◀ *Wärme und Energie entstehen durch einen Teil der Sonnenstrahlen, die die Atmosphäre durchdringen. Der andere Teil wird entweder von der Atmosphäre aufgenommen oder von der Erdoberfläche reflektiert.*

In jüngster Zeit wurde nachgewiesen, daß zum Beispiel Kühe durch ihren Verdauungsprozeß sehr viel Methan freisetzen.

Die Gase in der Atmosphäre regulieren die Sonnenenergie und dadurch u.a. die Wärme, die auf der ▼ *Erdoberfläche entsteht. Einige Gase werden für viele lebenswichtige Vorgänge auf der Erde benötigt.*

Saurer Regen

Oxide werden zu Säuren

Industrieabgase enthalten große Mengen an Schwefeldioxid und Stickstoffoxid.
Diese Bestandteile werden in die Atmosphäre abgegeben, wo sie verschiedenen physikalischen Prozessen und chemischen Umwandlungen unterworfen sind.
Die wichtigste chemische Reaktion ist die Umwandlung dieser Oxide in Säuren. Schwefel- und Salpetersäure verbinden sich in der Troposphäre mit Wasser. Sie fallen als Saurer Regen auf die Erde.

Die unterschiedlichen Säuregrade

Mit dem pH-Wert wird angezeigt, ob Wasser säurehaltig ist. Destilliertes Wasser ist pH-neutral, es enthält keine Säure. Regenwasser dagegen enthält Säure in kleinen Mengen. Wenn der Säuregehalt höher als 5 ist, dann handelt es sich um Sauren Regen, das heißt, es befindet sich eine erhöhte Säuremenge darin.

Die Auswirkungen von Saurem Regen

Durch den Regen gelangt die Säure in Seen, Flüsse und Meere, Felder und Wälder, Städte und Dörfer.
Von dem erhöhten Säuregehalt der Seen und Flüsse sind in erster Linie die Fische betroffen, die sehr empfindlich auf jegliche Änderung des Säuregehaltes in ihrer Umgebung reagieren. Sie können nicht mehr gut atmen und sterben schließlich.
Am schlimmsten ist jedoch das Ökosystem des Bodens vom Sauren Regen betroffen. Der Boden wird ausgelaugt, das heißt, die Nährstoffe in der Erde und die Zahl der Kleinstlebewesen reduzieren sich.
Dies alles hat auch Auswirkungen auf die Pflanzen.

Saurer Regen ist die Folge der chemischen Reaktion einiger Substanzen. Schwefeldioxid und Stickstoffoxid z.B. entstehen durch die Abgase von Kraftwerken, Industrieanlagen und Autos. Sie steigen in die Luft und kehren durch den Regen oder Schnee auf die Erde zurück.
▼

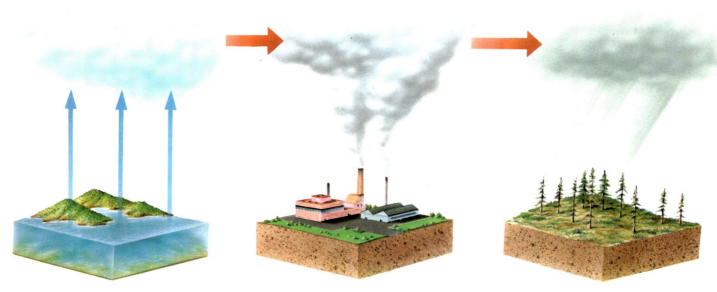

Gesunder See und Wald

Verschmutzter See und Wald

Boden- und Luftverschmutzung

Vom Sauren Regen sind besonders die Bäume betroffen. Sie nehmen die Säure nicht nur aus dem Boden auf; durch den Regen setzt sie sich auch auf ihren Blättern ab.
Die Pflanzen verlieren dadurch ihre Fähigkeit, sich im Winter vor der Kälte und im Sommer vor der Trockenheit zu schützen. Auch dem Ungeziefer können sie nicht mehr standhalten. Manchmal werfen die Bäume ihre Blätter ab, um sich von der Säure zu befreien und produzieren neue Schößlinge, sozusagen als Notfallmaßnahme. Man nennt das dann »Angsttriebe«.

Kreislauf der Umweltverschmutzung

Der natürliche Kreislauf

Chemische Substanzen werden von einem Organismus an den nächsten und an die Umgebung weitergegeben. Man nennt diese Art des Weitergebens einen Kreislauf.
Unter Kreislauf versteht man hier das ununterbrochene Kreisen bestimmter Elemente (Kohlenstoff, Sauerstoff, Phosphor, Stickstoff usw.).
Manche Prozesse finden in der Atmosphäre statt. Es entstehen neue Substanzen: Ozon wird zum Beispiel zu Sauerstoff, Stickstoff wird zu Stickstoffoxid und später zu Salpetersäure. Die Sonnenenergie bewirkt physikalische Umwandlungen in der Atmosphäre (Wasser kann zum Beispiel Wasserdampf oder Schnee werden). Erde und Atmosphäre bilden ein System aus festen, flüssigen und gasförmigen Stoffen, in das kaum etwas eindringen und aus dem so gut wie nichts ausbrechen kann.

Veränderungen im Kreislauf

Schwefeldioxid entsteht bei der Verbrennung von Benzin, Kohle und Gas, also besonders durch Industrie- und Autoabgase, durch die Heizungen der Wohnungen usw.
Das Schwefeldioxid gelangt über Autoauspuffe und Schornsteine in die Troposphäre, wo es später zu Schwefelsäure wird. Schwefelsäure ist wasserlöslich und fällt deshalb mit dem Regen auf die Erde.

Der Wasserkreislauf

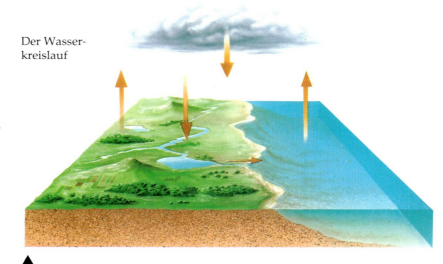

▲
Das Wasser ist ständig in Bewegung, über Pflanzen und Tiere, aber auch durch den Kreislauf des Wassers auf der Erde. Regenwasser sickert in den Boden und wird durch unter- und überirdische Flüsse zum Meer getragen. Meer-, See- und Flußwasser verdunsten und verdichten sich in den Wolken. Dann fällt das Wasser als Regen oder Schnee wieder auf die Erde.

In der Atmosphäre werden diese Oxide in Säuren umgewandelt.

Schwefeldioxid und Stickstoffoxid werden von Fabriken in die Luft abgegeben.

Transport und Verschmutzung

Wolken können eine große Entfernung zurücklegen, bevor sie ihr Wasser auf die Erde regnen lassen. Deshalb muß der Ort, wo der Saure Regen niedergeht, nicht unbedingt der Ort sein, wo sich die Säure gebildet hat. Durch den Wind und Regen »transportieren« die großen Städte ihre Verschmutzung in benachbarte ländliche Gebiete. Die Ökosysteme dort haben am meisten unter den Folgen der Verschmutzung zu leiden.
Die Folgen des Sauren Regens werden vergessen oder ignoriert, weil sie in dem Gebiet, wo die Abgase entstehen, nicht so augenfällig sind, oder weil die Auswirkungen erst viele hundert Kilometer weiter entfernt sichtbar werden.

Der Kohlenstoffkreislauf

▲
Die meisten Lebewesen bestehen hauptsächlich aus Kohlenstoff und Wasser. Damit die Vorgänge der Natur im Gleichgewicht bleiben, ist es äußerst wichtig, daß Kohlenstoff in Form eines Kreislaufs in das Ökosystem hinein- und wieder herausgelangt.

Diese Säuren werden in den Wolken transportiert.

Der Saure Regen oder Schnee kann viele hundert oder sogar tausend Kilometer von seinem Entstehungsort entfernt niedergehen.

◀ *Schwefeldioxid gehört zu den häufigsten Luftverschmutzern. Es entsteht durch die Verbrennung von Kohle und Öl, besonders bei der Energiegewinnung. Es verbindet sich mit der Luft und wird durch den natürlichen Kreislauf des Wassers weitergegeben. Auf demselben Weg werden auch andere Substanzen weitergetragen.*

Der Treibhauseffekt

Wie ein Regenschirm über der Erde

Wie alle anderen Körper gibt die Erde Energie in Form von Wärme ab. Die Wärme wird teilweise von der Erde gegen die Atmosphäre reflektiert und in ihr gewissermaßen festgehalten, sonst würde sie sich in der Weite des Weltraums verlieren. Durch diesen sogenannten Treibhauseffekt werden die Temperaturen auf der Erdoberfläche und in den unteren Regionen der Atmosphäre so hoch gehalten, daß Leben auf unserem Planeten möglich ist.
Die Atmosphäre besteht aus verschiedenen Gasen.
Einige dieser Gase sind Kohlendioxid, Stickstoffoxid, Wasserdampf, Ozon und Methanoxid. Sie sind für den Treibhauseffekt verantwortlich, daher nennt man sie auch Treibhausgase.

Die Wärme wird zurückgehalten

Durch das, was hier auf der Erde geschieht, kann sich der Anteil dieser Gase in der Atmosphäre erhöhen. Wenn zu viel Wärme auf der Erde zurückgehalten wird, steigt die Temperatur auf der Erde zu sehr an.
Das kann gefährlich werden.
Das Leben auf der Erde ist ebenfalls gefährdet, wenn die Temperaturen zu stark fallen.
Die Bäume haben eine Katalysator-(Regler)funktion; sie wandeln den größten Teil des Kohlendioxids in Sauerstoff um. Sie regulieren dieses Gas.

Das Phänomen, das wir mit »Treibhauseffekt« bezeichnen, verdanken wir dem Kohlendioxid in der Atmosphäre. Es nimmt einen großen Teil der Sonnenstrahlen auf und erwärmt die Erdoberfläche. Kohlendioxid fängt die Wärme wie in einem Glas ein.

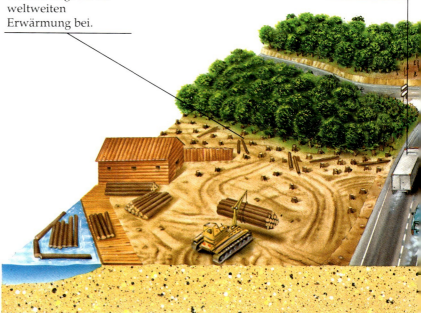

Das Abholzen der Wälder trägt zu der weltweiten Erwärmung bei.

Kohlenmonoxid ist auch ein Treibhausgas.

Es entsteht durch Autoabgase.

Die Ursachen für die weltweite Erwärmung der Erde

Auf der Erde verschwinden langsam immer mehr große Waldgebiete, die enorme Mengen an Kohlendioxid aufgenommen haben. Dadurch wird sich der Anteil dieses Gases in Zukunft in der Atmosphäre dramatisch weiter erhöhen.
Jährlich werden 20 Milliarden Tonnen Kohlendioxid durch die Verbrennung von Öl, Gas, Kohle usw. in die Atmosphäre abgegeben. Das erhöht den Anteil an Kohlendioxid und Säuren in der Luft; immer weniger Bäume stehen als Katalysatoren zur Verfügung. Die Erde kann überschüssige Wärme nicht mehr abgeben.
Die weltweite Erwärmung der Erde wird auch durch ein Gas verursacht, das wegen seines langen Namens (Fluor-Chlor-Kohlenwasserstoff) kurz FCKW genannt wird.
Die ultravioletten Strahlen setzen das Chlor frei, das sich in diesem Gas befindet. Chlor aber zersetzt die Ozonteilchen in der Stratosphäre. Das hat zur Folge, daß die Atmosphäre die ultravioletten Strahlen nicht mehr zurückhalten kann. Ultraviolette Strahlen schädigen das Gewebe der Pflanzen; sie können keine Nahrung mehr produzieren. Industrieabgase, die Verschmutzung des Meeres, das Auslaugen des Bodens durch Landwirtschaft und Viehzucht, all dies sind Faktoren, die Veränderungen in der Atmosphäre hervorrufen. Diese Veränderungen beeinflussen wiederum das Klima auf der Erde.

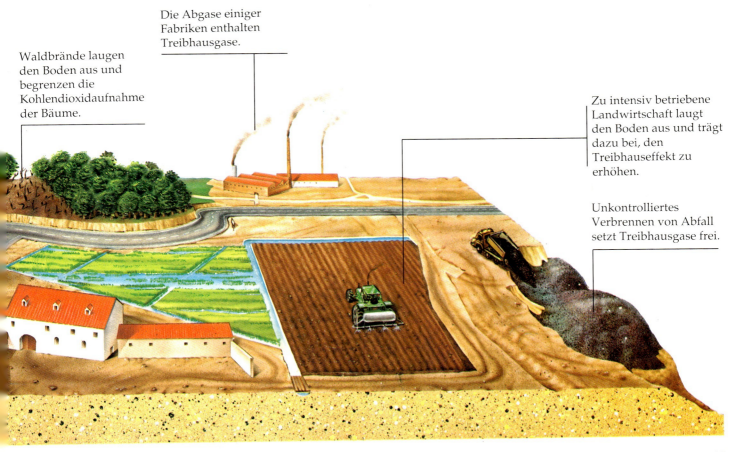

Waldbrände laugen den Boden aus und begrenzen die Kohlendioxidaufnahme der Bäume.

Die Abgase einiger Fabriken enthalten Treibhausgase.

Zu intensiv betriebene Landwirtschaft laugt den Boden aus und trägt dazu bei, den Treibhauseffekt zu erhöhen.

Unkontrolliertes Verbrennen von Abfall setzt Treibhausgase frei.

Die Ozonschicht

Langlebige Schadstoffe

Viele Schadstoffe werden Jahr für Jahr in die Atmosphäre abgegeben. In der Regel bleiben sie dort nicht sehr lange, sondern werden durch chemische Reaktionen in der Troposphäre umgewandelt und kehren mit dem Niederschlag auf die Erde zurück. Bestimmte Schadstoffe gelangen aber auch in die höher gelegene Stratosphäre.
In diesem Teil der Atmosphäre bewegen sich die Luftmassen nur horizontal, also nicht auf und ab. Deshalb bleiben die Schadstoffe lange Zeit dort, oft viele hundert Jahre.

Die Aufgabe des Ozons

In der Stratosphäre wird Ozon gebildet und umgewandelt. Ozon ist praktisch in allen atmosphärischen Schichten zu finden, doch nur in der Stratosphäre wird es aus Sauerstoff gebildet und beeinflußt das Leben auf der Erde und die Vorgänge in der Atmosphäre. Ozon nimmt die ultravioletten Strahlen der Sonne auf. Es hilft entscheidend mit, das Leben auf unserer Erde zu schützen.
Ozon bildet sich verstärkt in den Gebieten nahe des Äquators, wo die Sonne besonders intensiv scheint. Ein großer Teil dieses Ozons wird durch die horizontale Bewegung der Luft zu den Erdpolen transportiert. Die Ozonkonzentration ist im Verlauf eines Jahres nicht immer gleich hoch, sondern kann ganz erheblich schwanken.

Die Luft kann bestimmte Schadstoffe von einer tieferen Schicht der Atmosphäre in die Stratosphäre transportieren. Diese Schadstoffe können lange Zeit dort bleiben, manchmal viele hundert Jahre lang, bevor sie zur Erde zurückkommen.

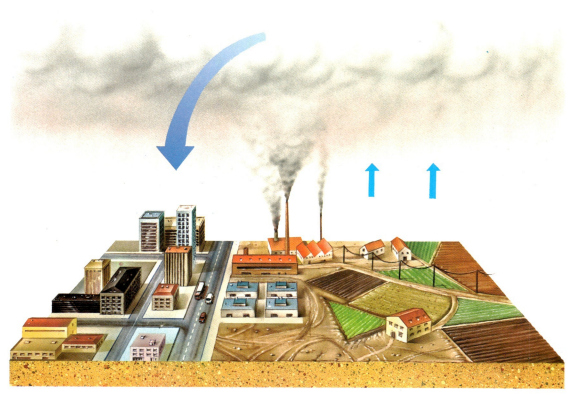

Ozon entsteht in der Atmosphäre, besonders in der Nähe des Äquators. Durch die Luftmassen wird ein großer Teil des Ozons zu den Polargebieten transportiert.

Ozon in der Stratosphäre

In der Stratosphäre befinden sich chemische Substanzen, die das Ozon zersetzen. Eine der gefährlichsten ist Chlor.
Es ist sehr schädlich, wenn diese Substanzen die höheren Schichten der Atmosphäre erreichen. Durch die Industrieabgase ist jedoch gerade das oft der Fall. Eines der schädlichsten Gase ist das FCKW, das aus Fluor, Chlor und Kohlenwasserstoff besteht. Wenn dieses Gas mit ultravioletten Strahlen in Berührung kommt, wird das Ozon zersetzt. Auf diese Weise ist schon ein großer Teil der Ozonschicht zerstört worden. In den Polarregionen gibt es sogar schon große Ozonlöcher.

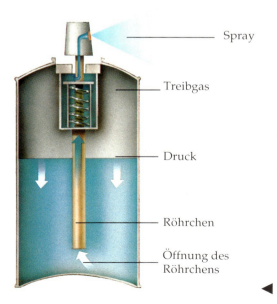

- Spray
- Treibgas
- Druck
- Röhrchen
- Öffnung des Röhrchens

Die Ozonschicht in der Stratosphäre wird durch Schadstoffe geschädigt. Der wichtigste Schadstoff ist das FCKW. FCKW ist in vielen alltäglichen Dingen enthalten, z.B. als Treibgas in Spraydosen, in Lösungsmitteln, in Plastikfolien und Klimaanlagen. Neuerdings wird FCKW durch weniger aggressive Gase ersetzt.

Die Luft in den großen Städten

Ursachen für die Luftverschmutzung

Schadstoffe sind gasförmige, flüssige oder feste Substanzen, die Lebewesen direkt oder indirekt schädigen können, wenn sie eine bestimmte Konzentration übersteigen.

Vom Menschen verursachte Umweltverschmutzung entsteht unter anderem durch die Verbrennung von Rohöl und seinen Nebenprodukten, Gas, Kohle usw. Durch diese Brennstoffe werden Gase wie Kohlenmonoxid, Benzol, Stickstoffoxid und Schwefeldioxid freigesetzt.

Autos, Heizung, Kraftwerke usw., also alles, wo Öl, Kohle oder Gas als Brennstoff verwendet wird, sind die Hauptverursacher der Umweltverschmutzung.

Die Auswirkungen dieser Schadstoffe auf die Temperatur und das Klima der Erde

Straßen und Gebäude in den Städten nehmen einen großen Teil der Sonnen-

Das Anwachsen der modernen Städte hat viele positive Veränderungen mit sich gebracht, aber auch viele Probleme. Bei der Planung von Stadtzentren wurden häufig die notwendigen Voraussetzungen für die natürlichen Lebensbedingungen der Menschen vernachlässigt. Die Städte haben sich zu Produktions- und Verbraucherzentren entwickelt. ▼

Die Industriegebiete in der Nähe der großen Städte geben viele giftige Gase ab, die die Luft in den Städten verschmutzen.

Die Atmosphäre wird stark gefährdet, wenn sie so große Mengen von Abgasen verarbeiten muß.

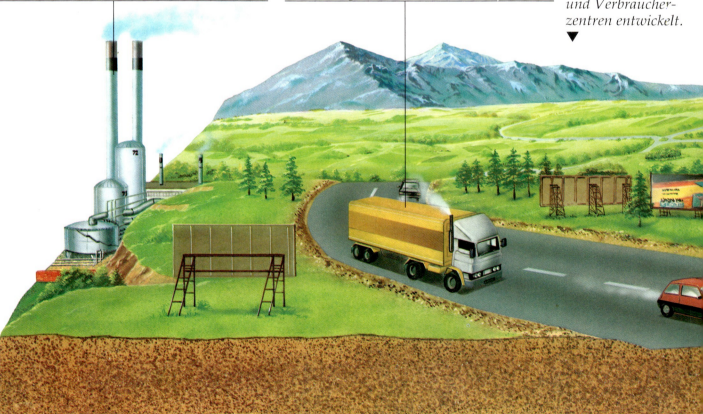

energie auf und verlangsamen die Windgeschwindigkeit.
Deshalb ist es in der Stadt wärmer als auf dem Land.
Dieses sogenannte Mikroklima einer Stadt trägt zu einer Anhäufung von festen, flüssigen und gasförmigen Schadstoffen bei, aus denen sich ein gelblichbrauner Nebel bildet. Diesen Nebel nennen wir Smog.

Die Auswirkungen der Luftverschmutzung auf unsere Gesundheit

Die Schadstoffe in der Luft gelangen über die Atmung in unseren Körper. Bei einer Konzentration von Schadstoffen in der Luft kann unser Atmungssystem ernsthaft geschädigt werden. Durch diese Reizluft wird es in seiner Funktion stark beeinträchtigt. Allergien, Krupphusten und viele andere Erkrankungen – besonders der Atemwege – sind oft die Folge.

Mit vielem, was wir bei der Arbeit oder in unserer Freizeit tun, verschmutzen wir die Umwelt.

In großen Städten ist die Luftverschmutzung oft so groß, daß die Gesundheit der Menschen gefährdet ist, besonders, wenn sich die Schadstoffe aufgrund der Wetterlage nicht richtig verteilen können.

Der Lärm

Lärm als Umweltverschmutzung

Der Verfall unserer Umwelt ist eines der größten Probleme, dem wir heutzutage ausgesetzt sind.
Das wirtschaftliche Wachstum in bestimmten Gebieten der Welt, das Anwachsen der Bevölkerung und die überfüllten Städte schaffen ein Lebensumfeld, in dem die Lebensqualität stark abnimmt.
Das ständige Ansteigen des Lärmpegels ist nur eine dieser Auswirkungen unserer industrialisierten Gesellschaft.

Eine laute Welt

Lärm gehört zu den Faktoren, die die Luft verschmutzen. Allerdings hat man sich bisher nur wenig damit beschäftigt, vielleicht, weil sich sein schädlicher Einfluß auf die Gesundheit des Menschen erst nach langer Zeit bemerkbar macht. Lärm ist die Folge von Aktivitäten, die für unser alltägliches Leben unentbehrlich geworden zu sein scheinen, zum Beispiel der Verkehrslärm in den großen Städten.
In Großstädten gibt es auch noch andere Lärmquellen, zum Beispiel Bauarbeiten, Transformatoren, Klimaanlagen, Heizungen, Sirenen von Polizei-, Kranken- und Feuerwehrautos usw. Das alles ist sehr nützlich, erhöht aber zugleich den Lärmpegel in unserem alltäglichen Leben.

Lärm ist ein übermäßig lautes und unangenehmes Geräusch, das Unbehagen hervorrufen kann. Lärm wird in Dezibel (dB) gemessen. Die Schmerzgrenze des menschlichen Ohres liegt bei 130 dB. Ein Preßlufthammer z.B. erzeugt 130 dB. ◄

140-1480 dB

100-140 dB

100 dB

70-80 dB

Der Lärm und unsere Gesundheit

Obwohl wir an Lärm gewöhnt sind, hat er schädliche Auswirkungen auf unsere Gesundheit. Schwerhörigkeit, schlechter Schlaf und ein permantes Angespanntsein (Streß) sind die ersten Symptome.
Unser Gehörsinn nimmt Schallwellen aus der Luft auf. Das Gehör ist in der Lage, bestimmte laute Geräusche zu dämpfen. Es kann aber durch ununterbrochene laute Geräusche geschädigt werden.
Wenn sich die innere Struktur des Ohres verhärtet, führt das zum Gehörverlust.
Es gibt eine Skala, die die Lautstärke von Geräuschen und ihre Auswirkungen auf die Gesundheit und das Verhalten des Menschen in Dezibel (dB) mißt.
Ein Geräuschpegel von 70 dB verursacht erhebliches Unbehagen. Trotzdem müssen viele Menschen Tätigkeiten ausführen, bei denen dieser Geräuschpegel erreicht oder sogar überschritten wird.

Mit der Ausbreitung der großen Städte ist der Lärmpegel erheblich angestiegen. Lärm gehört mit zu den Faktoren, die unsere Gesundheit gefährden. Deshalb wird Lärm zu den Umweltverschmutzern gezählt.
▼

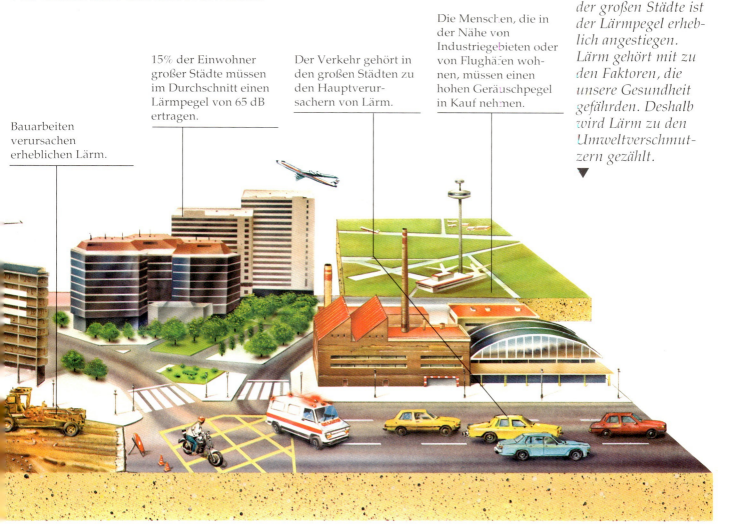

Bauarbeiten verursachen erheblichen Lärm.

15% der Einwohner großer Städte müssen im Durchschnitt einen Lärmpegel von 65 dB ertragen.

Der Verkehr gehört in den großen Städten zu den Hauptverursachern von Lärm.

Die Menschen, die in der Nähe von Industriegebieten oder von Flughäfen wohnen, müssen einen hohen Geräuschpegel in Kauf nehmen.

Die Welt der Kommunikation

Schallwellen schweben durch die Luft

Der Schall ist eine Form von Energie, die sich in Wellen durch die Luft bewegt.
In der Natur suchen sich viele Tiere ihre Nahrung mit Hilfe des Gehörs. Die Fledermaus zum Beispiel stößt so hohe Laute aus, daß das menschliche Gehör sie gar nicht erfassen kann. Diese Art von Schallwellen nennt man Ultraschallwellen. Sie werden in vielen technischen Bereichen angewendet. Ein Sonar ist ein Gerät, das solche Ultraschallwellen aussendet – etwa 20.000 Vibrationen pro Sekunde. Diese Wellen kehren zu ihrem Ausgangspunkt zurück und liefern Informationen über die Umgebung. Auf diese Art informiert

▲ *Die Fledermaus nutzt die Ultraschallwellen, um ihre Beute auszumachen.*

Das Sonar macht sich das Prinzip der Rückstrahlung von Schallwellen zunutze. ▼

sich auch die Fledermaus über mögliche Beute in ihrem Umfeld. Bei der Marine wird das Sonar eingesetzt, um Informationen über den Meeresboden zu bekommen.

Neue Technologien

Das erweiterte Wissen um die Schallwellen hat zu einigen bahnbrechenden Erfindungen für die Menschheit geführt. Telekommunikation, Raumlaboratorien, Satelliten zur Wettervorhersage, Radar- und Kommunikationssatelliten haben es ermöglicht, Informationen aus den entlegensten Gebieten der Welt und selbst aus dem Weltraum zu empfangen.

Stationen, die mit Empfängern ausgerüstet sind, können mit speziellen Antennen elektromagnetische Wellen von Satelliten empfangen. Mit Hilfe der Funk- oder Radiotechnik können so Signale, Nachrichten oder Bilder drahtlos übermittelt werden. ▼

Experimente zum Ausprobieren

Sauerstoff

Sauerstoff ist ein Bestandteil der Luft, der eine Verbrennung möglich macht. Um das zu beweisen, kannst du folgendes Experiment ausprobieren.

1 Glasbehälter, am besten mit einer schmalen Öffnung

1 Stück Knetmasse

1 Teller

1 Krug Wasser

1 Kerze

Material

◄ 1. Stelle die Kerze auf einen Teller. Befestige sie mit der Knetmasse.

2. Zünde die Kerze an und gieße Wasser in den Teller. ►

3. Stülpe vorsichtig ► den Glasbehälter über die Kerze.

◄ 4. Nach wenigen Augenblicken wird die Flamme ausgehen. Die brennende Kerze hat den Sauerstoff im Glas verbraucht. An seiner Stelle ist das Wasser in das Glas gelaufen.

Luftverschmutzung

Mit diesem einfachen Versuch kannst du die Existenz von festen Teilchen in der Luft nachweisen:

1. *Numeriere die Karten von 1 bis 6.*

2. *Lege die Plastikkappen auf die Karten und laß sie draußen liegen.*

3. *Hebe am nächsten Tag die erste Kappe hoch. Du wirst eine feine Linie um die Kappe herum sehen. Bewahre diese Karte auf, damit du sie später mit den anderen vergleichen kannst.*

4. *Hole während der nächsten Tage jeweils eine Karte herein und bewahre sie auf.*

5. *Vergleiche die sechs Karten miteinander. Du wirst feststellen, daß der Rand um die Plastikkappe durch die festen Teilchen in der Luft von Tag zu Tag dunkler geworden ist.*

Saurer Regen

Dieses Experiment wird dir helfen, den Säuregehalt im Regenwasser festzustellen. Mit Wasser aus einem Industriegebiet oder einer Großstadt ist das Ergebnis besonders eindeutig, weil der Regen dort meist mehr Säure enthält.

2 Glasbehälter

Mehrere Streifen Lackmuspapier (erhältlich in Apotheken)

Material

1. *Lege ein Stück Lackmuspapier in ein Glas mit Leitungswasser.*

2. *Fange in dem anderen Glas Regenwasser auf - es darf aber nicht voll sein - und leg den anderen Streifen Lackmuspapier hinein.*

3. *Fang an mehreren Tage hintereinander Regenwasser auf und vergleiche jeweils die Ergebnisse mit den anderen Papierstreifen.*

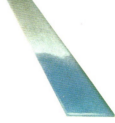

Begriffserklärungen

Aerosole: Winzige feste oder flüssige Teilchen, die in der Atmosphäre schweben.

Brennstoff: Gemisch aus Kohlenwasserstoff, das zum Betreiben von Maschinen verwendet wird, z.B. Öl, Gas, Kohle usw.

Elektromagnetisches Spektrum: die Bandbreite verschiedener Arten von elektromagnetischen Wellen. Für das Auge sind sie unsichtbar.

FCKW: Fluor-Chlor-Kohlenwasserstoff. Eine gasförmige, chemische Substanz die in vielen Produkten Verwendung findet.

Mikroorganismen: Organismen, die nur durch das Mikroskop zu sehen sind.

Ökosystem: Die Einheit von Lebewesen und einer bestimmten Umgebung, in der diese Lebewesen existieren können. Umgebung und Lebewesen stehen in wechselseitiger Abhängigkeit zueinander.

Ozon: farbloses Gas, das in der Atmosphäre vorkommt. Es verhindert, daß die schädlichen ultravioletten Strahlen die unteren Schichten der Atmosphäre erreichen.

Photosynthese: chemischer Prozeß, in dem die Pflanzen mit Hilfe des Sonnenlichts Kohlendioxid in der Luft und im Wasser in Nährstoffe (Kohlenhydrate und Sauerstoff) umwandeln.

Schwefeldioxid: entsteht, wenn Brennstoffe wie Öl und Kohle verbrannt werden. In der Atmosphäre vermischt es sich mit Wasser; es bildet sich Schwefelsäure, die als Saurer Regen wieder auf die Erde fällt.

Treibhauseffekt: ein natürlicher Vorgang, durch den die Atmosphäre die Wärme auf der Erde festhält. Durch starke Umweltverschmutzung kann er ein bedrohliches Ausmaß erreichen.

Ultraschall: Schall mit Frequenzen von mehr als 20 Kilohertz, der mit dem menschlichen Ohr nicht mehr wahrnehmbar ist.

Ultraviolette Strahlen: unsichtbares Sonnenlicht, das nur bis zu einem gewissen Grad unschädlich ist.

Inhalt

Die Luft 4
Eine riesige Lufthülle
Die Aufgaben der Atmosphäre
Luftverschmutzung

**Die Zusammensetzung der
Atmosphäre** 6
Die Gase in der Luft
Wasserdampf und Aerosole
  in der Atmosphäre

Die Luftschichten 8
Die verschiedenen Luftschichten
  in der Atmosphäre
Die unteren Schichten
Die höheren Schichten
Wo endet die Atmosphäre?

Die Sonnenstrahlen 10
Filter und Schutzschicht
Die verschiedenen Arten von
  Sonnenstrahlen
Negative und positive Einflüsse

Der Weg der Energie 12
Das Gleichgewicht zwischen
  Wärme und Energie
Die Umweltverschmutzung des
  Menschen

Saurer Regen 14
Oxide werden zu Säuren
Die unterschiedlichen Säuregrade
Die Auswirkungen von
  Saurem Regen

**Kreislauf der
Umweltverschmutzung** 16
Der natürliche Kreislauf
Veränderungen im Kreislauf
Transport und Verschmutzung

Der Treibhauseffekt 18
Wie ein Regenschirm über
  der Erde
Die Wärme wird zurückgehalten
Die Ursachen für die weltweite
  Erwärmung der Erde

Die Ozonschicht 20
Langlebige Schadstoffe
Die Aufgabe des Ozons
Ozon in der Stratosphäre

Die Luft in den großen Städten ... 22
Ursachen für die Luft-
  verschmutzung
Die Auswirkungen dieser
  Schadstoffe auf die Temperatur
  und das Klima der Erde
Die Auswirkungen der Luft-
  verschmutzung auf unsere
  Gesundheit

Der Lärm 24
Lärm als Umweltverschmutzung
Eine laute Welt
Der Lärm und unsere Gesundheit

Die Welt der Kommunikation 26
Schallwellen schweben durch
  die Luft
Neue Technologien

Experimente zum Ausprobieren .. 28
Sauerstoff
Luftverschmutzung
Saurer Regen

Begriffserklärungen 30

Was ist los mit der Luft?

Nachdem du dieses Buch gelesen hast, kannst du dir vielleicht etwas besser vorstellen, wie beeindruckend und kompliziert unsere Welt geschaffen ist. Alles wirkt aufeinander ein und hängt voneinander ab: das Wasser, die Luft, der Boden, Pflanzen, Tiere und Menschen. Schon eine kleine Störung kann große Auswirkungen auf das Leben haben.

Wir können viel dazu beitragen, daß unsere Welt lebenswert bleibt, zum Beispiel indem wir Wasser sparen, Müll vermeiden, weniger Auto fahren, auf wilde Mountainbike-Touren in empfindlicher Natur verzichten und vieles andere mehr. Wenn wir nicht lernen, bewußter mit unserer Umwelt umzugehen, wird uns schon sehr bald die Luft wegbleiben und das Wasser bis zum Hals stehen.

Wir haben nur eine Welt – das wissen inzwischen die meisten Menschen. Viele von ihnen sind sich ihrer Verantwortung für diese Welt bewußt. Und manche haben sogar begriffen, daß Gott sie geschaffen und uns geschenkt hat, damit wir alle darin leben können. Eine großartige Schöpfung, auf die wir wirklich gut aufpassen sollten.